Методика Монтессори
в повседневной жизни

Лидия Барюссо

Как полюбить уборку?

ИЛЛЮСТРАЦИИ
Изабель Монро-Дюмэн

КОНСУЛЬТАНТ
Надежда Смирнова

#эксмодетство
Москва
2019

Автор Лидия Барюссо, иллюстратор Изабель Монро-Дюмэн, выпускающий редактор Карин Жирак-Маринье, редактор Клод Ниммо, помощник редактора Жюли Пильпель-Мулен, редактура Надин Мартрэ, арт-директор Ули Мейндл, верстка Изабель Монро-Дюмэн, корректура Элизабет Ле Со, производство Марлен Делбекен

Издание для досуга
Для детей старшего дошкольного возраста, текст для чтения взрослыми детям

Демалысқа арналған баспа
Мектепке дейінгі ересек балаларға арналған, ересек балалардың оқуына арналған

Серия «Монтессори. Книги для чтения»

КАК ПОЛЮБИТЬ УБОРКУ?
Et si on rangeait avec Arthur et Mila?

(Орыс тілінде)

Перевод с французского *В. Б. Ульяновой*

Литературный редактор *А. А. Никитина*
Консультант *Н. Н. Смирнова*
Ответственный редактор *Л. А. Снаренкова*
Художественный редактор *Н. К. Кривошта*
Компьютерная вёрстка *Г. А. Берковского*
Корректор *М. В. Зыкова*

ООО «Издательство «Эксмо»
123308, Москва, ул. Зорге, д. 1. Тел.: (495) 411-68-86, 956-39-21.
Home page: **www.eksmo.ru** E-mail: **info@eksmo.ru**

Оптовая торговля книгами «Эксмо»:
123308, Москва, ул. Зорге, д. 1. Многоканальный тел. (495) 411-50-74.
E-mail: **reception@eksmo-sale.ru**

Сведения о подтверждении соответствия издания согласно законодательству РФ о техническом регулировании можно получить по адресу: **http://eksmo.ru/certification/**

Өндірген мемлекет: Ресей
Өндіруші: «ЭКСМО» АҚБ Баспасы, 123308, Мәскеу, Ресей, Зорге көшесі, 1 үй. Тел. 8 (495) 411-68-86, 8 (495) 956-39-21
Home page: www.eksmo.ru. E-mail: info@eksmo.ru.
Қазақстан Республикасында дистрибьютор және өнім бойынша арыз-талаптарды қабылдаушының өкілі «РДЦ-Алматы» ЖШС, Алматы қ., Домбровский көш., 3 «а», литер Б, офис 1. Тел.: 8 (727) 2 51 59 89,90,91,92, факс: 8 (727) 251 58 12 вн. 107; E-mail: RDC-Almaty@eksmo.kz
Тауар белгісі: «Эксмо»
Өнімнің жарамдылық мерзімі шектелмеген.
Сертификация — қарастырылған
Сертификация туралы ақпарат сайтта: http://eksmo.ru/certification/

Произведено 25.02.2019. Срок годности не ограничен.
Подписано в печать 21.01.2019. Формат 70×90/16. Гарнитура Myriad.
Печать офсетная. Бумага офсетная. Усл. печ. л. 2,34.
Тираж 4000 экз. Заказ № 4775.

Отпечатано в России.
ОАО «Тверской полиграфический комбинат».
170024, г. Тверь, пр-т Ленина, 5.

УДК 087.5
ББК 74.200.5
ISBN 978-5-04-096536-6

Знак информационной продукции 0+ согласно Федеральному закону от 29.12.2010 г. N 436-ФЗ

Продукция соответствует требованиям ТР ТС 007/2011 «О безопасности продукции, предназначенной для детей и подростков».

Предисловие

Мария Монтессори предложила простой и естественный путь для воспитания и развития ребёнка: создание специальной подготовленной среды, в которой маленький человек сможет быть самостоятельным и независимым, ухаживать за собой и за окружающим пространством.

Подготовленная среда может быть создана не только в детских садах и школах, работающих по методу Марии Монтессори. Очень многое родители могут сделать в домашних условиях.

Одно из обязательных качеств подготовленной среды «по Монтессори» — это порядок. Каждая вещь должна находиться на своём месте, использоваться по определённому назначению. Важно понимать, что там, где нет порядка, малыши нервничают, капризничают, становятся суетливыми. Потому что отсутствие внешнего порядка нарушает порядок внутренний.

Если всё упорядочено, то ребёнок в состоянии дальше этот порядок поддерживать самостоятельно, может быть, с минимальной помощью со стороны взрослых.

Со временем у дошкольника могут появиться и постоянные обязанности, например, вытирать со стола, подметать мусор, поливать цветы. Подобная деятельность оказывается для ребёнка более значимой, чем любые специальные занятия.

Надежда Смирнова — психолог,
монтессори-педагог, руководитель Международного института
Монтессори-педагогики, руководитель Центрального представительства
Межрегиональной Монтессори-ассоциации

Сегодня Артур праздновал свой **день рождения** со всей семьёй! Это был очень-очень особенный день: хоть за окном и лил дождь, но внутри светило солнце…

Дети играли вместе весь день: надев маски, они сооружали гигантские постройки, выполняли забавные задания и клеили бумажные поделки!

Артур был в восторге!

Ему подарили много разных подарков: большого динозавра, робот-конструктор, две толстые книги и **маленькую коробку**.

Интересно, что же в ней? Внутри оказались лупа и разные красивые ракушки.

— Обожаю подарки! Вот бы сохранить их навсегда! — сказал себе Артур. — Я их разложу **сам** после дня рождения, когда уже буду немножко взрослее.

Но в комнате Артура был такой **беспорядок**!

Игрушки валялись везде: на полу, на кровати, на столе.

Все корзинки были перевернуты вверх дном…

— Какой же **бардак**, это просто **не-ве-ро-ят-но**! — воскликнул Артур.

— Я помогу тебе прибраться, — предложила Мила.

Артуру очень нравилось петь. Пение вселяло в него уверенность и веселило Милу.

Так что он придумал небольшую забавную песенку.

В комнате Артура
Мы прибираемся, мы прибираемся.
В комнате Артура
Мы прибираемся вместе.

Мила помогала… на свой лад.

Она взяла первую корзинку, которую смогла удержать, и… **перевернула**! Все игрушки упали на пол!

Вторую и… бум! Теперь всё окончательно **перемешалось**.

Сначала Артуру это показалось смешным.

Но сейчас нужно было действовать по-другому, потому что в таком беспорядке невозможно было что-то найти!

Мама посоветовала **объединить в группы игрушки**, которые чем-то похожи друг на друга.

— Это как игра с ракушками! Я на них внимательно посмотрю и решу, как разбить их по группам: те, которые мне нравятся больше всего, очень большие или слишком хрупкие...

— Да, давай сделаем так, — сказала Мила. — Это легко и весело!

В комнате Артура
Мы объединяем в группы,
Мы объединяем в группы.
В комнате Артура
Мы объединяем в группы все игрушки.

Очень скоро в комнате возникли небольшие горки: мягкие игрушки, конструктор и т.д.

Артур ставил корзинку перед каждой кучей, и вот уже всё было приведено в порядок.

Артур посмотрел на корзинки, новые игрушки и свой маленький стеллаж.

— Неужели всё опять повторится?

— Почему ты не уберёшь какие-то игрушки к **запасным**, на шкаф? Через несколько дней ты очень обрадуешься, когда их обнаружишь! — предложил папа.

— Отличная идея! И когда я их найду, у меня как будто будут новые игрушки, а ещё мне каждый раз придётся меньше убирать!

В комнате Артура
Мы раскладываем всё по местам,
Мы раскладываем всё по местам.
В комнате Артура
Мы удобно раскладываем всё по местам!

— Ой, смотри! Тут ещё остались забытые игрушки…

Пока Артур решил убрать их в симпатичный тканевый мешок. Его можно использовать для игры: запускаешь туда руку и угадываешь предмет на ощупь!

Мама и папа вместе похвалили детей:

— Молодцы, что прибрались, дети! Игрушки на стеллаже, мягкие игрушки в большом ящике, маскарадные костюмы на вешалках. Даже стол разобрали.

Артур оглядел свою комнату и нашёл, что она выглядела обновлённой.

Это ему очень понравилось!

На шкафу стояли ещё коробки. Маленькие и большие, но не было видно, что там внутри!

— А если я забуду, что в них? — забеспокоился Артур.

Он решил поговорить об этом с бабушкой.

Малина 24.5.18
Ежевика 29.9.18
Абрикос 15.8.17
Черника 13.6.18
Клубника 21.06.17
Апельсин 14.03.18

— Скажи, бабуля, а как ты раскладываешь свои вещи?

— Ты знаешь, что я обожаю варить варенье. Я варю его из фруктов, а иногда добавляю особенные ингредиенты. Чтобы ничего не забыть, я наклеиваю на каждую банку **маленькую этикетку** с датой и составом…

— Это же отличная идея! Когда я смотрю на шкафчик, в котором ты их хранишь, мне каждый раз хочется их съесть! Они такие красивые!

Артур отправился в свою комнату и начал рисовать этикетки. Манон помогала — напоминала, что хранится в каждой коробке.

Но Мила начала скучать, для неё эта работа была слишком тяжёлой. После такого замечательного дня Артур хотел её как-нибудь порадовать.

В одной из коробок он нашёл игрушку, которую обожал, когда был маленьким, — игрушка-сортер с животными.

— Это же то, что нужно, Мила! С ней ты научишься разбирать вещи на группы.

Артур замешкался: одолжить или отдать?

— Я тебе её отдаю, Мила! Теперь она твоя, я уже слишком взрослый для таких игрушек, — наконец решил он.

— Ты мне её отдаёшь? — спросила Мила и тут же устроилась играть на коврике.

Артур с довольным видом любовался своей комнатой.

— Какой я молодец! — сказал он себе. — Мне кажется, что сегодня я немного повзрослел!

Советы от монтессори-педагога

Родители могут помочь своему малышу, организовав порядок в его комнате или уголке. Что для этого необходимо?

1. Подсказать идею сортировки вещей. Основания для сортировки могут быть разными:
   - по свойствам (цвет, форма, размер);
   - по назначению, например, игрушки для дома и улицы;
   - по типам игр, например, игрушки для ролевых игр и материалы для творчества;
   - по направлению развития, например, для развития мелкой моторики или логики.

   Сортировка — это мыслительная операция классификации. Если ребёнок может придумать свои основания для классификации и произвести её — это громадное достижение в развитии интеллекта.
2. Помочь организовать рассортированные группы. Например, хранить игрушки и вещи можно в коробках и корзинах, выделив под них места на полках.
3. Все группы вещей желательно как-то пометить, например, подписать, нарисовать картинку. Придумайте вместе с ребёнком свой условный знак для каждой группы.
4. Уменьшите количество вещей и игрушек. Можно убрать часть предметов на время, затем поменять.